LA HORA BRUJA

ExLibric

miguel fernández rivero

LA HORA BRUJA

EXLIBRIC

ANTEQUERA 2024

LA HORA BRUJA
© Miguel Fernández Rivero
Correo: mfernanrive@hotmail.com
www. miguelfernandezrivero.es
© de la imagen de cubiertas: Saúl García Abril
© de la imagen del intermedio: Francisco Javier Soldado Martín
© de la imagen de la solapa: Selene Fernández Pinto
Diseño de portada: Dpto. de Diseño Gráfico Exlibric
Colabora: Asociación Poética Cultural «Sin Fronteras»

Iª edición

© ExLibric, 2024.

Editado por: ExLibric
c/ Cueva de Viera, 2, Local 3
Centro Negocios CADI
29200 Antequera (Málaga)
Teléfono: 952 70 60 04
Fax: 952 84 55 03
Correo electrónico: exlibric@exlibric.com
Internet: www.exlibric.com

ISBN: 978-84-10297-30-2
Depósito Legal: MA 2035-2024

Impresión: PODiPrint
Impreso en Andalucía – España

Nota de la editorial: ExLibric pertenece a Innovación y Cualificación S. L.

miguel fernández rivero

LA HORA BRUJA

Proemio

Solo os deseo que sepáis construiros un feliz pasado.

El tiempo pasa entre nuestros huesos, pasa a través de nuestras carnes y nuestro cuerpo; va cubriendo nuestra piel con esos insignificantes instantes y esos pequeños momentos que nos dan la certeza de haber vivido.

Al igual que el camino hay que andarlo, la vida, tan semejante a ese camino, hay que vivirla. Somos caminantes, simples caminantes que vamos atesorando los pasos que vivimos en este camino.

Pero hay situaciones, o circunstancias, en las que perdemos nuestra capacidad de discernir lo que es nocivo para nuestra integridad personal, tanto en nuestra forma de vivir como de pensar. A esos momentos, en los que nuestra voluntad está disminuida, se los pudiera nombrar como la hora bruja.

La hora bruja es ese punto en el que nos encontramos en algunas ocasiones de nuestra vida. Es el punto en el que se dan cita miedos y atrevimiento, timidez y osadía, turbación y deseos; en definitiva, es donde nos abandonamos a nuestros instintos más ocultos —o básicos— para encontrarnos con nuestro otro yo.

Todo se agita en los fuegos de la mente y de la noche. Las doce de la noche, extrañas brumas confunden nuestra mirada. Los antros, con sus iniciáticas danzas y sus atrayentes e hipnóticas luces, nos atrapan en los alucinógenos juegos de las sustancias y la lujuria de los cuerpos. Los mercaderes de la carne muestran su mercancía exótica, exuberante y sexi. Los hechiceros ofrecen sus pócimas con la promesa de intensos placeres y viajes maravillosos.

A esa hora las calles se arrastran con sus miserias por la eufórica excitación de las criaturas, y todos bajan a los calabozos de la servidumbre.

Pero la hora bruja extiende sus tentáculos más allá de la noche, y más allá de los placeres de la mente y la carne. Se incrusta en las esferas de poder para controlar a dirigentes económicos, empresariales y políticos. Los brujos y magos del sistema lanzan sus hechizos y conjuros para controlar la voluntad de las masas; nos atraen y nos recluyen en el útero de un hipnótico bienestar, encadenándonos con los grilletes de una libertad, que al final no es más que otra forma de esclavitud. A través de los absurdos espejos nos adoctrinan con sus mantras y nos cautivan con sus luces amables, para que la desoladora realidad de estos días no azote nuestra conciencia y nos vuelva subversivos, apaciguando, de esta forma, nuestra rebeldía innata y coartando nuestros instintos de lucha contra su tiránico poder. La ignorancia de las masas es la fuerza y el arma más poderosa de las Élites de Poder en esta guerra tranquila en la que la paz no es más que una falacia; un espejismo creado por los magos.

Los Amos del Mundo, desde la cúspide de la pirámide, nos observan con su ojo inquisidor y mandan su bandada de cuervos para controlarnos, dominarnos y privarnos de la auténtica libertad con sus asfixiantes normas, sus opresivas leyes y su vampírica recaudación de impuestos. Más que seres humanos somos máquinas engarzadas al sistema social: producción-consumo. Y ese movimiento continuo no deja tiempo para pensar, sacar conclusiones y actuar en consecuencia.

Por ello sepamos distinguir a lo largo de nuestra vida aquellas horas brujas que se nos presentan, e intentemos vivirlas de forma que no nos atrapen en sus redes.

No les demos todo nuestro tiempo a esos brujos de las oscuras latitudes, aquellos que gobiernan el mundo y nuestras vidas. Que nuestros ojos no nos mientan, ni nos confundan los absurdos espejos. Seamos libres, vivamos sin permiso nuestro tiempo, pues al final de nuestro camino solo nos quedará la satisfacción de esos pequeños e insignificantes momentos que nos llenan el alma y nos cubren la piel con la certeza de haber vivido. La imagen fugaz y perecedera del instante, esa que nos acaricia los ojos, nos excita el alma y sobrecoge a nuestro corazón, dejándonos atrapados por su belleza, dureza o injusticia; es la sensibilidad que nos salva y nos hace humanos.

Principio

Llega un silencio atroz
como una densa nube
de miedos y secretos.

Se alarga por las calles
y se instala en las casas,
no cesa en su terrible
azote de hambre y muerte.

Libro primero

LOS JUEGOS DEL PODER

*El libre mercado nos devolvió
al mercado de esclavos.*

Luis Eduardo Aute

LA VIDA ES UNA BRUJA

(Gaya)

Este rumor de huellas
y un eco de palabras
me persiguen, me acosan,
me hieren con un golpe
de sueños y de sendas.

La vida es una bruja
que siempre nos engaña.

Rostros de las tabernas,
vino que nos embriaga
y mujeres hermosas
que nos llevan al goce
por las oscuras sendas.

La vida es una bruja
que siempre nos engaña.

Mirada de la vieja
nos cubre en su maraña
con ritos que despojan
de alas y de pasiones;
arcanas son sus sendas.

La vida es una bruja
que siempre nos engaña.

VIEJO RUMOR

El silencio nos mancha la mirada,
nos borra la sonrisa con el velo
de la nada y el olvido. Cubre el hielo
la piel de la palabra remansada.

Los pájaros del miedo —en desbandada—
alargan su graznido por el cielo.
Las mustias hojas alzan frágil vuelo
como la voz por siempre silenciada.

Hinca su raíz húmeda y longeva,
en el arcaico limo de la humana
estirpe, el rito que la luz renueva.

Este viejo rumor, que siempre mana
de los labios, es viento que se eleva
del ayer y semilla del mañana.

PECES DEL OLVIDO

El tronco del abedul
su dócil madera entrega
para hacer este baúl
en el que mi sombra juega.

Entre sus tablas el duende
azul del agua vigila
peces como días, tiende
sombras y sueños mutila.

El tiempo guarda siluetas
en las profundas cavernas
donde habitan, en secretas
aguas, las ninfas eternas

Sobre la arena del mundo
y sobre esta piel ajada,
en ciertos días me hundo
en el silencio y la nada

Mas los peces del olvido
nadan a contracorriente
por aguas de lo vivido
en la cueva de mi mente.

Todo se lo lleva el viento:
nuestra gente, nuestra voz…
solo nos deja el aliento
y el eco de un grito atroz.

Esquirlas de la memoria
sobre la piel de los días,
mariposas de la euforia
y marchitas utopías.

Se borraron los caminos
que llevaban de regreso
a los sueños clandestinos
y al primer furtivo beso.

Es el silencio la espuma
que invade viejos espejos
y quiebra la extraña pluma
que viene atando reflejos.

Del origen al olvido,
por el eco de la vida,
todo es rumor y latido;
sangre de la misma herida.

EL VIEJO CAJÓN

Lluvias y espejos, soles olvidados
en el cajón estrecho del recuerdo
donde nadan canicas, viejos dados
y extraños peces sin el ojo izquierdo.

Un lápiz rojo sin punta y roído,
un árbol seco y un pájaro sin alas.
Algún asunto turbio o lo prohibido
entre viejos petardos y bengalas.

Un viejo cajón lleno con mis días,
voz amarilla y sueño des-soñado
en este largo fluir del tiempo. Frías
y extrañas son las huellas del pasado.

Un lápiz rojo sobre azul nos pinta
su acuarela, horizonte de los sueños
perdidos en la arena. Es tan distinta
la imagen de este niño y sus empeños.

La rosa del silencio que me invoca
al brillo del espejo es luz que muerdo,
como el pez el anzuelo, mas hoy toca
revolver el cajón de mi recuerdo.

Granados y naranjos

Sobre la luz de agosto,
ya madurada,
mi niñez por los poros,
flor regresada.

El sol reverberaba
sobre la arena,
y dolía en los ojos
su atroz dureza.

Sobre la rama
del olivo nudoso
el cuco canta.

Me pongo mi sombrero
y al alba tomo,
con mi caña en la mano,
rumbo el rastrojo.

Voy con mi ejército
alegre por los campos,
jugando sueños.

Buscando la batalla
voy caminando
capitán de mi tropa
dócil de pavos.

El agua clara
por acequia sonora
risueña pasa.

Granados y naranjos
en dulce aroma,
vestigios de las huellas
que el tiempo borra.

Vientos de mayo
sobre la blanca arena
de mi pasado.

La vida es solo un juego
—un juego a ciegas—
que nos lleva al absurdo
de esta comedia.

Por eso le pregunto
a ese travieso
viejo de mi crepúsculo
por el secreto:

¿Es un regreso
este niño desnudo
ante el espejo?

No es mi asunto

Tienes tus ojos puestos en el punto
exacto del que nacen las tormentas,
sabes cuándo vendrán y lo violentas
que llegarán a ser, mas no es mi asunto.

No, no temo al futuro, y nunca quiero
saber lo que me espera en el doblez
de los días. Vivir con sensatez
y sin miedos mi tiempo solo espero.

Vivir esta pandemia —por ejemplo—
e intentar comprender sus objetivos,
siempre buscar momentos constructivos
y no acudir jamás al frío templo.

Tienes tus ojos puestos en el punto
exacto donde el tiempo se deshace
de nuestras huellas, donde el desenlace
de todo es el olvido, y no es mi asunto.

Pero sé que el recuerdo es insistente
y no quiere soltar jamás su presa,
que cada día crece y más nos pesa,
y que atormenta nuestra débil mente.

Sin embargo, dudando, me pregunto
si pasado y futuro son guarida
de este frágil presente, o son la vida.
Mas, es cierto, el futuro no es mi asunto,
y aunque el pasado duela cual herida,
mis ojos siguen puestos en el punto
exacto donde acaba la partida.

LAS RAÍCES

Las aves de la noche, en suave y dulce vuelo,
se posan en las ramas del árbol deshojado
—del árbol solitario por vientos castigado—,
aquel que marca el fin del sueño y del anhelo.

Lluvia que duele sobre la piel reseca. Al suelo,
raíces que sujetan al hombre cual legado
de su historia y su tierra. Llanto amargo del cielo
de un pueblo ya sin hojas y un árbol humillado.

Criaturas —como ríos— recorren el paisaje,
se adentran en el bosque gritando su dolor,
ese dolor de pueblo o de árbol viejo y seco

La nube con el sol nos manda su mensaje
de lluvias y cenizas, y un tronco con su hueco
donde guardar canicas, mas hoy ya soy mayor.

Turbión de siluetas

Jamás cesan las olas
de un mar que nunca muere en las arenas.
No suenan caracolas
ni el canto de sirenas;
solo un atroz aullido de ballenas.

El mar —como la vida—
es el estruendo fiero de este mundo,
la fuerza sin medida
que nace del fecundo
misterio y del abismo más profundo.

Ha crecido la humana
estirpe que se alarga por los prados
en voraz caravana.
Los hijos marginados
del ruin dios de la culpa y los pecados.

Jamás cesan las olas
de esta marea ciega de criaturas,
y crecen amapolas
por áridas llanuras
como el efecto atroz de las torturas.

El viento está gritando
por todas las esquinas de la tierra,
como un hombre llorando
o el niño que se aferra
a la vida en el centro de una guerra.

Este mar nunca cesa,
como no cesarán estas tormentas.
Vida es la ola traviesa,
un turbión de siluetas
hambrientas en ciudades opulentas.

LOS JUEGOS DEL PODER

I

Desde las sombras radiantes
nos contemplan sin descanso,
controlan al pueblo manso
con sus leyes aplastantes.
Someten a gobernantes,
compran países, conciencias.
En sus manos, las potencias
del mundo son como un juego,
un metálico trasiego
esclavizando existencias.

ESTÁ PRESA LA LIBERTAD

Está soplando un viento tan extraño
que arrecia la tormenta su aguacero
cubriendo de miserias al rebaño.
A la luz cegadora del dinero
en frenética danza los chacales
se abandonan a ritos ancestrales.

Pasa un rumor de sombras por el mundo
devorando los sueños. Un lamento
quiebra la frágil voz del vagamundo
por las calles del hambre y el desaliento.
Huérfanos del progreso —abierta herida—
arrastrando sus huesos por la vida.

Tan triste es este sol de los suburbios,
tan frío y tan atroz que a miedo huele,
que siembra desarraigo y desconfianza
y en su fulgor oculta asuntos turbios.
Ya no hay palabra o sueño que consuele
estas casas sin luz de la esperanza.

Los círculos escupen la pobreza
hacia fuera; arrabales de chabola,
calles de agobio y de húmedos despojos.
Entre luces amables siempre presa,
la libertad. La Élite controla
las parcelas del mundo y sus rastrojos.

Ríos de las ciudades en crecida
invaden luminosos edificios
con el mordaz aullido de la hiena.
Monedas de avaricia sin medida
olvidan lo importante y, entre vicios
del cuerpo —al fin—, la mente se condena.

Al ritmo de trompetas y tambores
marcha el desfile blando, luz amable
y espejos bobos gritan el reclamo
que viene de los altos miradores.
Somos la fácil presa moldeable,
sumisos servidores del Gran Amo.

DEL LADO DE LA PAZ

Escapar de los campos de batalla,
atravesar la noche sin caminos
—furtiva sombra—, huir de los felinos
ojos que acechan desde la muralla.

Despreciar la palabra del canalla,
las manos que manejan los destinos,
las banderas que forjan asesinos
a cambio del fulgor de la medalla.

Nunca pongas tus ojos al acecho
como fieras sedientas, como espada
de sangre que flagela piel del hombre.

Nunca invadan las sombras tu mirada
ni a tus manos la sangre; pon tu nombre
del lado de la paz. Desnuda el pecho

a la nueva alborada,
que entre los sueños tiene suspendida
la flor y la palabra; luz de vida.

LOS JUEGOS DEL PODER

II

Alarga sus viejas ramas
el ciprés en disecadas
maderas, puertas ancladas
en los siglos y sus dramas.
Ritos, cantos y proclamas,
sombras de palabra suave.
Cuervo negro, tono grave
que resuena sobre piedra
y se adhiere como hiedra
hasta que mente socave.

VENTANAS

El mundo es una casa con ventanas.
Cada día es la rosa del soborno.
El hombre es un camino sin retorno.
Luz de mujer inunda las mañanas.

El cuerpo es una casa con ventanas.
Somos presos de nuestro gris entorno.
Esta vida es la herida y su contorno.
Duelen estas miserias ciudadanas.

Las Élites devoran libertades.
Nuestros sueños se tornan en locuras.
Nos asfixian las casas sin ventanas.

Se alargan por el mundo las ciudades.
Se alargan por el mundo las criaturas.
Se alargan por el mundo las ventanas.

El desfile blando

El mundo es un alarido
que se alarga por criaturas
y por las calles oscuras
del humano sin sentido.

Mirad el desfile blando,
contemplad su marcha obscena.
Mirad la déspota escena
de los clanes engordando.

En la mirada, el altivo
destello y un ansia voraz
se ocultan tras el disfraz
de un lenguaje persuasivo.

Las tribus juegan sus juegos
de fuerza, juegos obscuros.
Lanzan perversos conjuros
y alimentan fatuos fuegos.

Oíd el canto del brujo,
oíd sus dulces mensajes,
oíd sus ritos salvajes;
nos atrapan en su influjo.

La luz amable deslumbra
los ojos y ofusca mente,
es el esplendor que miente
y nos cubre de penumbra.

LOS JUEGOS DEL PODER

III

Esos absurdos espejos
que contaminan la mente
de los pueblos, en torrente
de imágenes y reflejos.
Este aluvión de consejos
nos ciega y nos adoctrina.
Es grotesca la cortina
de la mentira y el engaño;
siempre risas del rebaño,
nunca el llanto de la ruina.

Dormund

(Duerme —el— Mundo)

Lloraban las mariposas
al ocaso de los días.
Como un sueño, te morías
igual que mueren las rosas.

Sobre la página rota
del libro atroz jurarías
—sin temerle a la derrota—
que tú jamás matarías.

Pero la violencia flota
sobre la luz de las calles;
mas puede que un día estalles
y despiertes al patriota.

Sobre luz tejen su bruma,
bruma que enturbia detalles
que hace que todo se asuma
y que tú, sumiso, calles.

Entre las pompas de espuma
todo estalla en mil colores
al ritmo de los tambores
para que el pueblo consuma.

Pueblos de vida dichosa
en manos de animadores.
Tierra y vida dolorosa
en manos de los Señores.

Igual que mueren las rosas,
como un sueño, te morías.
Al ocaso de los días
lloraban las mariposas.

HAS VIAJADO

Has viajado los pueblos y su gente,
otras tierras lejanas y otras calles,
las montañas azules y sus valles,
y otros labios de acento diferente.

Has viajado los libros. Su simiente
de luz preñó tus sueños, nunca falles
en vivirlos. Jamás tu voz acalles;
que tu palabra siempre te sustente.

Te has detenido siempre en los detalles
de la vida. Tu canto fue profundo
en el verso, y en la prosa vehemente.

Siempre has sido un viajero, un trotacalles.
Has visto las dos caras del gris mundo:
la imagen del poder y la indigente.

LOS JUEGOS DEL PODER

IV

Estaban vivas las calles
a esas horas del deseo,
del cuerpo y su contoneo,
y los ambiguos detalles.
Tal vez lo que buscas halles,
tan solo de ti depende.
Mas a esas horas del duende
nadie oculta sus secretos,
y aunque suelen ser discretos,
todo se compra y se vende.

Eterna noche

Entre las sombras hay extraños hombres
que venden sueños. Hay secretas danzas
que a la lujuria llevan, turbio fuego
en la mirada.

Mujeres rotas cual espejos tristes
que ni siquiera reconocen su rostro
en la lluvia de otra fría noche
que nunca acaba.

Antros del mundo donde todo tiene
su precio. Labios de placer oscuro
y voluptuosos pechos, tenues luces,
carne sobada.

Lechos de media hora y desnudos cuerpos
que se someten y se entregan mansamente
a sexuales juegos. Vida rota,
mujer esclava.

LA HORA BRUJA

(El soneto)

Un lápiz rojo sobre el horizonte,
anuncio del silencio, nos dibuja
desnudos, y la luna sobre el monte
invita, sin recato, a la hora bruja.

A esas horas del sueño, un polizonte
se adhiere a nuestra piel y nos estruja
con su abrazo de sombras. Nos empuja
por los desiertos prados un bisonte.

Bisonte atroz que bufa y hace que cruja
nuestro cerebro, oscuro mastodonte
que la razón arrasa y desdibuja.

Un lápiz negro tras el horizonte
dibuja el sueño atroz de la hora bruja.
Solo la luz, quizás, al miedo afronte.

HOMBRE

(Gaya)

¿Nos sueña el universo
en su eterna mirada,
o solo nos contempla
desde el balcón solemne
en donde oscila el tiempo?

Solo un rumor de huellas
deja el hombre que pasa.

Pleno de luz el cuerpo
sobre el mundo se alza
para dejar su estela.
Suspiro. Forma breve
en el compás del tiempo.

Solo un rumor de huellas
deja el hombre que pasa.

Muros sin piedra, templo
de carne para el alma.
Hijo de las estrellas.
Frágil sueño que cede
al acoso del tiempo.

Solo un rumor de huellas
deja el hombre que pasa.

LA
HORA
BRUJA

Intermedio

LA HORA BRUJA

… una vez fui una bruja y veía espectros,
y me di cuenta que ellos movían la vida,
la vida que es solo un espectro.

Leopoldo María Panero

LA HORA BRUJA

(El poema)

Silencio.
La luna se rompe
entre las manos del hombre.

Todo se agita en los fuegos
de la mente y de la noche.
El tiempo se hace jirones
tras las huellas del viajero

¿Dónde se ocultan los versos?
Fragancia del tiempo.
                    Silencio.

La lluvia salobre
tu pecho lastima.
Es tan leve el aroma de los sueños
que al alba se olvida.

Has escrito la rosa en el fecundo
estiércol de la vida,
como se escribe río sobre el mundo;
mas brota flor herida
como el pájaro azul que nunca anida.

Ayer, sin más, dijiste de repente:
ha nacido un poema,
poema azul que canta al indigente.
Pero claro, ningún poema azul
puede cantarle al pobre,
al que sufre el olvido,
al que fue desahuciado.
Sí, lo dijiste ayer con tu palabra
amable, la que siembra su semilla
en los sueños del hombre, la que labra
los labios y la mente.
En tu poema azul al inocente
lo dijiste, mas fuiste un poco osado
al pronunciar palabras tan hermosas
sobre la vida ruin del acosado
Es cierto, no se puede
escribir un soneto al miedo y las miserias;
nunca sobre el vencido.
No, jamás es prudente
escribir un poema de la gente

que arrastra su existencia por las calles
del mundo con sus vidas siempre a cuestas.

Es la hora bruja
todos salen sedientos,
fulgor de luna.

Las calles se deslizan por la bruma,
inquietas como gatos. Hay miradas
furtivas en ventanas, damas puma
que ronronean, humo que perfuma
los antros de las carnes mancilladas.

Al fondo de los antros, como viejas luciérnagas,
centellean ojos
                y se encienden palabras
de extraño vuelo, todo en la taberna
del deseo es misterio, ¡abracadabra!;
lo grotesco se torna
                hermoso, todo es magia
en la hora bruja. El gozo se presagia.

En el atroz aroma de los cuerpos
desnudos se producen los encuentros,
los sentidos palpitan, hay violentos
escarceos, batallas del deseo.

La tarde se consume en dulce fuego
y se hunde rígida al final en ciego
abrazo, centro y cálido sosiego;
hermoso instante, gozo y tierno juego.

Verso del éxtasis, nada
sobre la piel de los sueños
y los días.
La puerta siempre cerrada
a aquellos viejos empeños
de utopías.

Eres el mal poema escrito sobre
la mustia piel del viejo
     que te acompaña, voz
impertinente y llanto
desconsolado, pobre
criatura de la nada y el grito atroz.
Te arrastras como el verso,
  ese pésimo verso
que se pudre en silencio
     en los lodos del miedo
como el turbio lamento
     de este viejo perverso
que rompe negros nudos
     de dogmas y de credos.

Un lápiz rojo sobre el horizonte,
anuncio del silencio, nos dibuja
desnudos y grotescos
sobre la piel nocturna
del mundo, de ese mundo que nos hiere
con el miedo y la culpa
Oscuros son los límites del mundo.
La vida es una rosa que siempre se abre impura,
es la rosa caníbal que devora inocencias.
Nadamos en la duda:
¿Qué camino tomar?
¿Dónde está la verdad?
Vagamos por las calles en manadas absurdas,
la multitud es otra forma atroz
de soledad. Disfruta
de tu porción de espacio y de tu tiempo
comprados con tus días, con tus sueños; oculta
tu miedo y tu vacío.
Las doce de la noche, extrañas brumas
confunden la mirada con furtivas
siluetas que susurran.
A veces el silencio es un cuchillo
que entre las sombras brilla y siempre busca
la sangre de unos sueños.
Sobre la nada escribe el lápiz rojo
sin punta: es la hora bruja.

Las parcelas del mundo —por la sombra
invadidas— se pueblan de criaturas extrañas
con sus juegos de carne y de visiones
grotescas; todo tiene su precio, no se nombra
el género. Tupidas telarañas
atrapan la inocencia en oscuras ficciones.

El hombre siente miedo,
miedo al vacío enorme que crece y ahoga el alma.

Si vuelve la mirada,
tan solo encuentra un rostro quebrado por el hielo.

Sopla un viento violento
por las calles desnudas destrozando esperanzas.

Atroces alimañas
persiguen a la presa para robar sus sueños.

Los hechiceros forjan artimañas
ritos y sortilegios. Labradores
de la mente avivando las cizañas.

Las doce de la noche. Los señores
nos sueñan y devoran nuestra vida;
liban nuestra energía como a flores.
Somos sus servidores; no hay salida.

El hombre siente miedo
y escapa en dulces alas.

Somos espectadores poseídos
por la salvaje danza de la urbe,
jugadores que siempre son vencidos
por la invisible mano. Nada turbe
la dulce calidez de nuestros nidos.

Silencio.
Se rompe la luna
y el tiempo se hace jirones.

Todo se agita en los fuegos
de la mente, es la hora bruja
en estas turbias prisiones.

Se pudren todos los versos
en el fango del
                    silencio.

Libro segundo

TERRITORIOS DEL TIEMPO

Se perdió en la ciudad de los calabozos
una mañana de invierno sin pájaros.

Celso Emilio Ferreiro

EL YUGO

Este es el tiempo
en el que los absurdos espejos
de las élites nos seducen,
nos adoctrinan
y nos someten
al bienestar del yugo
para, al fin, convertirnos
en dóciles sirvientes.
Días son de opulencia
en las urbes del hambre.

HAIKURIAS

I

Como alimaña
hambrienta, la ciudad
abre sus fauces.

II

Entre cartones
el día cambia luces,
frío en los huesos.

III

Bajo la lluvia,
como triste paloma,
vaga el mendigo.

IV

Un gorrión pica
el asfalto, sumiso,
igual que el hombre.

V

Es un suspiro
esta luna que huye
por los suburbios.

VI

Ajada flor
estos labios del niño,
solo es el hambre.

VII

Un indigente
alarido recorre
estas ciudades.

DOS COPAS

Como furtiva sombra,
entra en el bar sin prisa
y sin decir palabra
toma su dosis
y se marcha al trabajo.
Esas dos copas
le dan ánimo y fuerzas
para aliviar la carga
de una vida sin sueños,
sin esperanzas;
todo se torna gris,
no se encuentra salida.

El duende

Cuando el viento es un grito
que parte en dos la noche,
hay una pálida luna
que va hiriendo los ojos.
El hombre siente miedo
y escapa en dulces alas,
pero un duende endiablado
le golpea la mente.
Turbia en sus venas fluye
sangre de las criaturas,
la jungla tiene un precio
de vidas y de sueños.
El hombre siente miedo,
miedo al vacío enorme
que se aloja en su alma.
Si vuelve la mirada,
solo encuentra su sombra
quebrada por el hielo.

CUATRO CABALLOS

Pasan cuatro caballos
por las sendas del aire.

Se oye la extraña música
que viene de las altas
torres; un dulce canto
que alienta y asusta al pueblo.
A través de los vientos
pasa un turbio rumor.
Un eco de trompetas
inunda las parcelas
de la tierra y del cielo;
huyen de la tormenta,
furtivas, las criaturas.

Baja densa la niebla
por los prados del mundo.
Anda suelta la bestia.

La voz de las cornetas
estremece los campos
y los perros se lanzan
—ciegos y enloquecidos—,
sedientos a la sangre.

El espanto se nutre
de la sangre del odio,
se incrusta en la mente,
en el pecho del hombre
y corre por sus venas
cual torrente de fuego.

Pasan cuatro caballos
por las sendas del mundo.

Blanco, rojizo
—cuatro—,
negro y pálido
—caballos—
por las sendas del mundo.

TUS CANSADAS ABARCAS

A Miguel Hernández,
muerto en los calabozos del odio

I

Desde tus campos
de pastoreo
a campos de batalla,
tus cansadas abarcas fueron
derramando los versos
de un grito libertario.
La paloma de blanco vuelo
atrapada por los barrotes.
No cesará la luz
de tu palabra,
ni podrán retener
tu humana esencia
esos muros del odio
y de la muerte.

II

Te detuvo un reloj,
que no era de oro, ni de plata;
nada más que un reloj
de sueños rotos.
Treinta de abril
del treinta y nueve;
la libertad valía
solo cinco pesetas.
El odio acecha al hombre.
Fueron dieciocho cárceles,
itinerario de tu muerte.
Presa la libertad,
la carne torturada,
la torturada mente
y el hombre denigrado,
rebajado a la nada.
Madrugada sin luna,
porque la muerte llega
a las claras del alba.

EL AIRE TE VA NOMBRANDO

A Federico García Lorca,
asesinado por ser libre

I

Madrugada sin luna.
Sobre baldosas
negras y blancas
resuenan militares botas,
atroz paso marcial
del siniestro cortejo.
Camino del Barranco
de Víznar le dan el paseo.
Sobre su sangre, muerto,
yace el poeta,
sin su luna gitana,
sin anillos de bronce,
ni collares de nardos.

II

Por los senderos del tiempo
el aire te va nombrando.

Que nadie toque tu sombra
en la noche de los astros,
porque tu sombra es el agua
que beberán los gitanos
que hacen collares y anillos
en los olivares blancos.
Bajo su luna de miedo
la ciudad está temblando
cuando se escuchan los pasos
de la escuadra del espanto.
Que nadie toque tu sombra,
porque tu sombra es un canto
que va por los olivares
como un potro desbocado.

Por los senderos del tiempo
el aire te va nombrando.

El secreto

El aprendiz de brujo
me ha contado el secreto
que rige a los planetas.

NIÑO

Surca suave su rostro
la dulce mariposa
del alba. Como un río
de alegre transparencia,
. sus ojos van lamiendo
las riberas del mundo
y su ingrávida voz
se eleva de sus labios
como un pájaro inmenso;
alas de luz que llaman
a las puertas del cielo.

Escasas son las huellas
y largo es el sendero.

Todo su mundo
un ámbito de sueños
y de verdades nuevas,
enigmas que la luz
de los días desvela.

El alma es un sediento
pájaro azul que bebe
en las fuentes secretas
de la razón.
            Niño.
Librito de una historia
abierto entre las manos
del universo;
            nudo
que une la tierra y el cielo.

Territorio del tiempo.

Admito haber soñado

Con su cuerpo desnudo
la diosa de la noche
ha invadido mis sueños.
En un soplo de luz
se deshacen las sombras
y mis cerrados ojos
vuelan al paraíso.
Sobre la frágil brisa
el olor de los cuerpos
en el acto de amarse.
La piel estremecida;
fragancia, aroma, dicha.
Las manos son ternura
por la excitada carne;
lujuria, placer, éxtasis.
El alma toca el cielo.
Admito haber soñado
con sábanas de espuma
y entre ardorosos besos
cuando la noche invade,
con su frialdad, mi casa.

SOMOS

Has regresado
del olvido y el silencio.
Tus huellas bajo el polvo
se agitan y te llaman.
Búscate entre mis sombras,
pues habitamos el mismo espacio,
los mismos territorios
y los mismos suspiros.
Somos (eres) la carne
que envuelve a nuestros huesos,
esos huesos que guardan la memoria
de nuestros días
y nuestras noches.

ANTAGONISTAS

Solo el silencio mancha nuestros labios
con la palabra rota
en la espesa saliva
de los silencios y nuestros miedos.

Pero, a pesar de todo,
tú y yo somos nosotros,
las dos caras de un mismo mundo
selladas bajo la piel de un cuerpo,
y aunque tú no lo quieras admitir,
allí estuvimos,
en aquel espacio sublime
en que el sol de la infancia
nos embriagaba,
nos hacía soñar
con mundos y con vidas imposibles.
Tú me hablabas de tus extraños sueños
—mitad oníricos
y mitad pensamientos—,
yo jamás te creía
Ya desde entonces
estábamos de acuerdo en pocas cosas;
éramos (somos) antagonistas.

Me dijiste, en cierta ocasión,
que no éramos más que muñecos
en manos de un niño travieso;
un niño travieso y gigante
que siempre nos movía a su capricho,
jugando nuestras vidas.

Yo me reía,
tú te enojabas.
¿No lo recuerdas?
Claro que no.

Precisamente, ahora
que estoy dispuesto a darte la razón
no lo recuerdas.

VESTIGIOS DEL PASADO

Perdimos nuestras huellas
por las sendas del tiempo.
Tu rostro es tan confuso
como borroso y extraño lo es mi rostro.
No conozco los ojos que me miran
desde la luna al fondo de la estancia,
no conozco mis ojos,
mis ojos perdidos sin rastro
en las selvas de la memoria.
Buscando entre las huellas de mis pasos
—y de tus pasos—
solo encuentro vestigios del pasado.
Perdimos la mirada
azul de nuestra infancia.

El curso del tiempo

Reverberan los páramos su espiga
ya dorada y madura,
y reverberan los recuerdos
por la voraz maleza de la mente.
Se dilatan los días en su lento
curso con la cadencia del olvido
y forman sus lagunas por eriales
donde habitan las aves.
Las veredas olvidan viejos pasos
y solo el árbol permanece erguido,
deshojadas las ramas,
sin vestigios de primavera.
Solo la savia, cansada y vieja,
fluye de sus raíces hasta el cielo.
Reverdecen los campos su amapola
y el árbol con su flor morena.
La vida regresa a tus ojos
como la luz a mi rostro regresa.
Se abren las viejas puertas
donde habitan los sueños.

FINAL

Los comediantes bajan el telón,
suben el telón los farsantes.
La sociedad es un teatro,
cada individuo lleva
la máscara adecuada
para cada momento.

Epílogo

Desde lejanas latitudes, el ojo del Eterno se posó en la convulsa esfera que giraba en torno al luminoso astro. La observó joven y virgen, y decidió dotarla de vida. El Eterno vagaba de orbe en orbe, buscando sobre la piel de cuál de ellos llevar sus ensayos. Cuando el planeta cesó en sus convulsiones, el Cósmico Errante se aproximó en su estelar carro. Contempló las desnudas extensiones de lodos, piedras y aguas, y decidió sembrar sus semillas. La vida comenzó a cubrir la superficie de Gea: árboles, plantas, peces y animales poblaron aquellos lodos —ya tierra—, piedras y aguas. Allí se detuvo el Eterno y, abriendo un reluciente baúl, sacó y depositó sobre aquellas tierras su principal obra, su gran y primordial ensayo; un animal distinto a todos cuanto antes había esparcido sobre la faz de Gea. Este animal caminaba erguido sobre sus dos patas traseras y fue dotado de una voz diferente a la que se le dio el nombre de palabras. Su cerebro fue capaz de razonar y su pensamiento le dio la capacidad a sus habilidades de crear herramientas y progresar. A ese animal, llamado humano, lo ató con las leyes que habrían de regir sus vidas. Esas leyes fueron escritas por los hombres en un antiguo libro, llamado Biblia, que fue entregado a los Brujos que habrían de adoctrinar a la humanidad con los mandatos del Eterno, para convertirlos en dóciles y maleables servidores. Quienes decidieran someterse y obedecer sus leyes tendrían, después de la muerte, una vida eterna y placentera para compensar las vicisitudes terrenas sufridas en vida. Y quienes así no lo hiciesen no conseguirían esa vida eterna y recibirían un atroz castigo. El Eterno era (es) magnánimo con aquellas criaturas que se entregaban sumisas a su poder; Él quería un rebaño de corderos —así llamaba a sus acólitos— para llevar a cabo su proyecto.

Pero aquel Dios venido de las estrellas programó su obra dándole una trayectoria con su principio y su fin. Su experimento tiene un ciclo. Para ello, el Eterno entrega a su hijo —el enviado para adoctrinar y encausar a su humana creación— el libro que contiene los Siete Sellos que darán fin a su experimento, tras el cual recolectaría a los sumisos para una vida superior, pura y eterna, condenando a una cruel y desoladora existencia a aquellos que no acataron sus poseedoras y desposeedoras leyes celestiales.

El primer sello fue abierto y el caballo blanco de la conquista de la mente humana comenzó su trote por las praderas del mundo.

Al abrir el segundo sello, apareció el caballo rojo de la guerra, que va esparciendo por los páramos del mundo, en una larga cabalgada, el odio y la violencia. Tras la apertura del tercer sello, el caballo negro del hambre se lanza al galope por las terrenas llanuras, azotando a los pueblos con la miseria y el abandono. El caballo pálido de la muerte asoma su hocico cuando se rompe el cuarto sello y va sembrando por los eriales de la tierra la ajada flor de las humanas criaturas. Los cuatro caballos del Apocalipsis galopan por las sendas del mundo.

La batalla está servida. Los Magos, de inexpresivos rostros, amenazantes, agitan sus varas con exaltados gritos y consignas, mientras los Brujos de purpúreas túnicas alzan el Libro Sagrado, entonando sus cánticos y prédicas. Cada bando se cree poseedor de la verdad única. Y entre esos dos bandos, tú y yo, los no aleccionados, sufriendo las consecuencias de sus desacuerdos y tozuda determinación.

Índice

Proemio 9

Principio 13

Libro primero. Los Juegos del Poder 15

La vida es una bruja 17

Viejo rumor 19

Peces del olvido 20

El viejo cajón 22

Granados y naranjos 23

No es mi asunto 26

Las raíces 28

Turbión de siluetas 29

Los juegos del poder 31

Está presa la libertad 32

Del lado de la paz 34

Los juegos del poder 35

Ventanas 36

El desfile blando 37

Los juegos del poder 39

Dormund 40

Has viajado 42

Los juegos del poder 43

Eterna noche 44

La hora bruja 45

Hombre 46

Intermedio. La Hora Bruja 51

La hora bruja 53

Libro segundo. Territorios del Tiempo 61

El yugo 63

Haikurias 64

Dos copas 66

El duende 67

Cuatro caballos 68

Tus cansadas abarcas 70

El aire te va nombrando 72

El secreto 74

Niño 75

Admito haber soñado 77

Somos 78

Antagonistas 79

Vestigios del pasado 81

El curso del tiempo 82

Final 83

Epílogo 85

La hora bruja
se terminó de imprimir
en el mes de mayo de 2024,
cincuenta y tres años después
de que John Lennon y Yoko Ono grabaran

Imagine,

un himno por la paz y la unión de la humanidad,
derribando las fronteras que nos dividen:
territoriales, sociales y religiosas.